I0816883

Gatos contra el fascismo

Stewart Reynolds

Gatos contra el fascismo

Un manual de resistencia felina

Traducción de Manu Viciano

PLAZA JANÉS

Papel certificado por el Forest Stewardship Council®

Título original: *Lessons from Cats for Surviving Fascism*

Primera edición: octubre de 2025

Diseño de la cubierta: adaptación de la cubierta original de Albert Tang / Penguin Random House Grupo Editorial

Printed in Spain – Impreso en España

ISBN: 978-84-01-03807-5
Depósito legal: B-14.327-2025

Compuesto en en Comptex & Ass., S. L.

Impreso en Gómez Aparicio, S. L.
Casarrubuelos (Madrid)

L 0 3 8 0 7 5

Índice

Capítulo Uno

Mantente ágil e impredecible

Los gatos nunca le cuentan a nadie dónde van a estar, y tú tampoco deberías hacerlo.

El fascismo prospera gracias a la previsibilidad, así que procura desorientarlo subiendo de un brinco al respaldo de una butaca y haciendo rápel cortina abajo.

Los gatos son los maestros de la imprevisibilidad.

Ahí lo tienes, hecho un ovillo en el sofá, irradiando serenidad y, cuando quieres darte cuenta, se ha plantado en lo alto de la nevera y está juzgándote por tus elecciones vitales.

Porque, sí, has tomado decisiones terribles, y los gatos lo saben.

Pero seguro que puedes darle la vuelta a la tortilla y tratar de juzgarlos tú también un poquito a ellos, ¿verdad?

Pues no, ¿cómo vas a poder, idiota? Eso sería otra decisión terrible.

¿Cuál es el secreto de los gatos? Que nunca revelan

su próxima jugada. Es una estrategia que todo el mundo puede utilizar, en especial contra los fascistas, que, la verdad, no son precisamente las mayores lumbreras salidas de Mar-a-Lago.

Los fascistas prosperan gracias a la previsibilidad porque todo su sistema se basa en la ilusión del control. Les gusta considerarse unos maestros del ajedrez, cuando en realidad son como niños pequeños jugando a las damas, metiéndose en la boca más fichas que las que mueven y empeñándose en cambiar las reglas cada vez que van perdiendo.

¿Su gran debilidad? No saben gestionar las sorpresas. Nada hace descarrilar más rápido a un fascista que topar con algo que no venga recogido en el manual del Proyecto 1D10TA.

Así pues, actúa como un gato.

Salta a lo loco del sofá a la estantería, no porque tenga sentido, sino porque no lo tiene. Los fascistas aborrecen esas cosas. Se quedarán ahí plantados, con la cara roja y farfullando: «Espera, espera, ¿qué hace en la estantería? ¡En la estantería no debería haber nadie!».

Toda su estrategia se basa en suposiciones y, cuando esas suposiciones no se cumplen, se quedan rascándose la cabeza como si hubieran intentado encajar «trumpista» como palabra del día en el Wordle y no tuviesen ni idea de por qué el botón de «Aceptar» no les funciona.

Y tampoco hace falta mucho para descolocarlos. Ponte a dar clases de alfarería. Organiza una sesión de improvisación con ukeleles a las tres de la madrugada. Preséntate en una de sus manifestaciones con un disfraz de langosta y reparte octavillas que digan: «Fascismo: nunca jamás». Se quedarán tan atascados tratando de comprender tus argumentos que no recordarán qué era lo que intentaban controlar.

A los fascistas, con su pobre corazoncito negro, tampoco se les dan muy bien los matices.

Su cerebro funciona con líneas rectas y categorías bien diferenciadas, por eso no soportan nada que se salga de lo normal… o que se meta dentro de una caja, en el caso de un gato. Que te niegues a comportarte de una manera predecible les fundirá los plomos. «¡Un momento, esa persona debería estar manifestándose en el parque! ¿Por qué pinta murales de pingüinos bailando claqué en almacenes abandonados? ¿Esto es… resistencia?».

Sí, Amado Líder, lo es. Y tú no lo entenderás jamás.

En resumidas cuentas, tu imprevisibilidad no es solo una táctica, también es una declaración de principios. Los fascistas quieren que el mundo sea soso, gris y fácil de manejar. Los gatos son más listos. Saben que la buena vida consiste en una sucesión de brincos atrevidos, decisiones cuestionables y una sana dosis de caos. Así que encarna a tu felino interno, confunde a los fascistas y, si todo lo demás falla, derriba unos cuantos jarrones de sus mesas metafóricas. Nunca lo verán venir.

Capítulo Dos

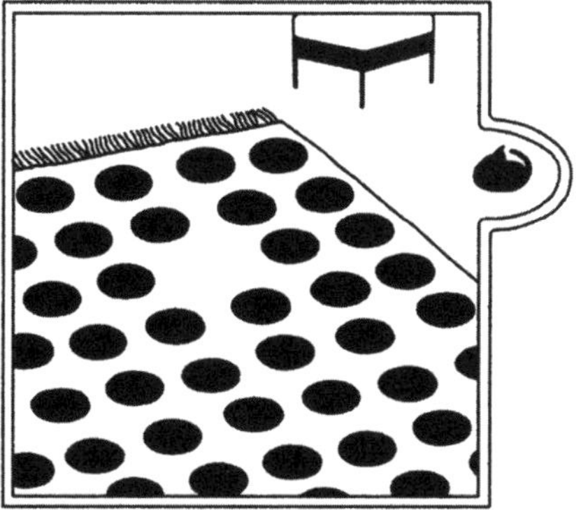

No dejes pasar ni una siesta

Los gatos saben algo que los fascistas nunca comprenderán: el descanso no es un signo de debilidad, sino una estrategia.

Mientras los fascistas se afanan en correr de un lado a otro ladrando órdenes —como si fueran…, puaj, perros— e intentan microgestionar el mundo para someterlo, los gatos se tumban en una franja soleada y acumulan energía para su siguiente acto de resistencia, ya sea un nuevo y atrevido salto que los lleve a lo alto de la nevera o el derrocamiento de un régimen corrupto.

Los pobrecitos fascistas, con su frágil ego, no entienden nada de esto, en absoluto. Prosperan obligando a la gente a trabajar demasiado, a pensar demasiado y a preocuparse demasiado.

Forma parte de su plan; quieren que acabes tan agotado que dejes de resistirte, tan hecho polvo que dejes de plantar cara.

Pero hay algo con lo que no cuentan: las siestas.

Dulces, gloriosas siestas. Nada desconcierta más a un fascista que alguien que lo mira a los ojos y le dice: «Mira, ¿sabes qué? Me parece que voy a echarme una cabezadita y ya me ocuparé de ti después».

Los gatos son unos maestros en esto. Saben que no tiene sentido desperdiciar energía en bobadas. Sí, los gatos podrían pasarse el día corriendo de un lado a otro y liándose a zarpazos con cada injusticia que encuentran, pero saben que es mejor conservar la energía para las auténticas batallas, como perseguir la aterradora luz roja de un puntero láser o volcarte el vaso para dejarte las cosas bien claritas. No verás a ningún gato agotarse luchando contra todas las hojas que trae el viento.

Los fascistas, en cambio, se pasan la vida aterrorizados por esas metafóricas hojas, tratando de legislar en contra de conceptos como la alegría o la creatividad. Son la clase de personas que perderían un debate contra una planta de interior. Una deliciosa planta de interior.

Echarte la siesta no es solo descanso, es rebeldía.

Es decirles a los fascistas: «No, no pienso deslomarme para cumplir tu absurdo horario. Lo que voy a hacer es tumbarme con toda la pachorra del mundo en este trocito de sol y reunir fuerzas para cuando decida dejarte boquiabierto con un acto brillante y oportuno». Ese acto brillante podría ser organizar una protesta, escribir un artículo satírico bien mordaz o, sencillamente, regresar libre de cansancio y de preocupaciones, una absoluta pesadilla para alguien cuyo poder depende de que estés tan agotado que no puedas pensar con claridad.

Los fascistas odian el descanso porque no lo entienden. Creen en la productividad constante (la tuya, no la de ellos) aunque no produzca absolutamente nada. Si le dijeras a un fascista que las siestas son cruciales para la productividad, cortocircuitarían tratando de descubrir la mejor forma de regular esos extraños ciclos REM tan *woke* que tienes. Y, entretanto, ¿qué hacen los gatos? Bostezan, se tumban para echarse otro sueñecito reparador y saltan al ataque cuando llega el momento adecuado.

Así que copia el método de nuestros amigos felinos. Sestea sin vergüenza alguna. Descansa a modo de estrategia. Deja que los fascistas se agoten con sus gritos furibundos y sus presentaciones de PowerPoint sobre lo «subversiva» que es la siesta. Mientras ellos debaten sobre si dormir debería prohibirse, tú tendrás las pilas a tope y podrás derrumbarlos con la precisión de un gato que echa la zarpa al juguete ese con plumas en una varilla.

Porque, en resumidas cuentas, el descanso no es solo autocuidado, es también resistencia. Y nada aterroriza más a un fascista que alguien con la mente despejada, bien descansado y listo para atacar.

Capítulo Tres

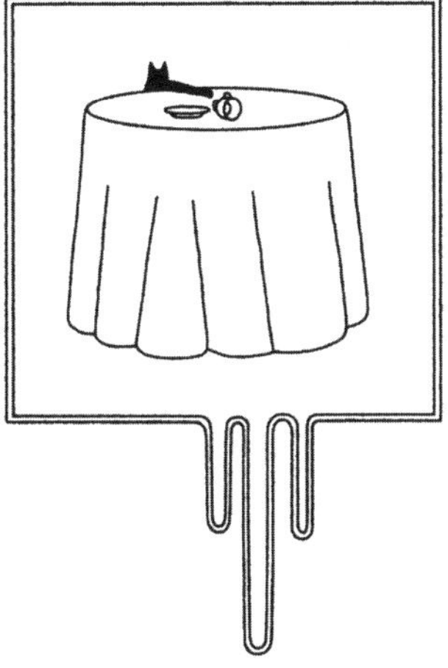

Derriba cosas con estrategia

Los gatos son los alborotadores primigenios.

No derriban cosas solo por diversión —bueno, vale, a veces sí es divertido—, sino que lo hacen con un propósito. Un jarroncito aquí, una taza allá, y de pronto la mesa entera pende de un hilo porque el gato está arañando el mantel.

Los gatos saben que la mejor manera de oponerse a la autoridad no es la rabia ciega, sino el caos reflexivo, calculado. Y así es exactamente como deberíamos lidiar con el fascismo.

A los fascistas les encantan sus símbolos de poder: banderas, estatuas, pancartas interminables con unos eslóganes que parecen escritos por un *chatbot* escacharrado. Se aferran a esos símbolos porque, en el fondo, son criaturitas frágiles que necesitan recordatorios constantes de que están «al mando». Pero ahí va el secreto: esos símbolos no son tan intocables como ellos quieren hacerte creer. Y los gatos llevan siglos demostrándolo…, tirando al suelo un recibo importante tras otro a medida que los vas poniendo en la estantería para tenerlos siempre a la vista.

Imagina a un fascista orgulloso de su escritorio perfectamente ordenado: cada bolígrafo en su sitio, cada clip sujetapapeles bien inventariado. Y ahora imagina que un gato se sube de un salto a esa mesa, cruza la mirada con el fascista y, muy despacio, con toda la intención, tira su bolígrafo favorito al suelo. Esa es la energía que deberías canalizar. No solo estás derribando objetos, estás derribando su delirio controlador. Y nada irrita más rápido a un fascista que darse cuenta de que no puede pararte.

A los fascistas, por mucho que fanfarroneen, se les da fatal controlar el alboroto. Se crecen con el orden y lo previsible, porque su cosmovisión consiste en obligar a cada uno a quedarse en el asiento asignado. En el momento en que empiezas a tirar cosas —incluso cosas metafóricas—, entran en barrena.

«Espera, espera —farfullarán—, ¡no deberías estar haciendo eso! Las normas, y mi muy particular versión de Dios, afirman con toda claridad que…». Pero esas normas las establecieron ellos, para ellos, y a los gatos les traen sin cuidado las normas. A ti también deberían darte igual.

La belleza del caos estratégico radica en que no tiene por qué ser ruidoso ni destructivo para ser eficiente.

A veces no hace falta más que un acto pequeño y deliberado, una pegatina en una estatua, un meme satírico, un signo de rebeldía en el momento más oportuno.

Igual que un gato cuando tira un vaso de agua de la encimera, estarás enviando un mensaje muy claro: «Esto no debería estar aquí. Y tú tampoco».

Los fascistas intentarán tildar ese alboroto de indisciplinado, bárbaro o incluso peligroso, pero, no nos engañemos, simplemente les avergüenza que los hayas dejado en ridículo. Son esa clase de personas que procuran rodearse de unos cuantos lameculos que confían en que se les pegue el poder y la riqueza. No están preparados para enfrentarse a una población llena de gatos metafóricos que se niegan a quedarse calladitos y a comportarse.

Así que abraza el arte del caos deliberado.

Busca los símbolos del poder fascista, sus monumentos a la mediocridad, su propaganda mal redactada, sus retratos nada favorecedores, y dales un toquecito. No hace falta destruirlo todo, solo hacer lo suficiente para que se pregunten si de verdad ostentan el control.

Porque, en resumidas cuentas, nada desarma tanto el autoritarismo como un acto de rebeldía en el momento preciso.

Actúa con estrategia. Actúa con valentía. Y, cuando llegue la hora, derribémoslo todo zarpazo a zarpazo.

Capítulo Cuatro

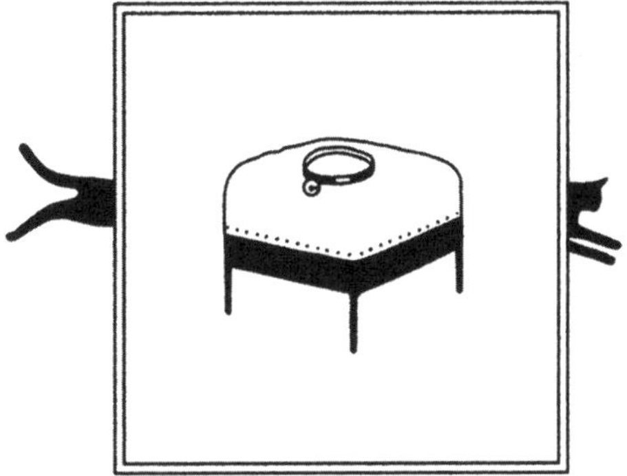

Niégate a llevar collar

Los gatos desprecian los collares.

Los gatos aborrecen llevar accesorios.

Sí, durante un momentito pueden estar monos —quizá incluso instagrameables—, pero en el fondo todo gato sabe qué representa realmente un collar: control.

¿Y ese minúsculo cascabel que tintinea a cada paso que dan? Vigilancia.

¿Y lo bien que se les ajusta? Dominio.

Los gatos no se dejan engañar, y nosotros tampoco deberíamos hacerlo.

A los fascistas les encantan los collares, hablando metafóricamente. Están obsesionados con encontrar maneras de conseguir que la gente los lleve, y a menudo los disfrazan como algo necesario o incluso a la moda. «¡No, pero si es por tu propio bien! —trinan, haciendo tintinear el equivalente social a un pequeño cascabel—. ¡Fíjate en que así encajas mejor en la comunidad!». Pero, igual que los gatos, deberías pararte un momento, observar ese collar y luego tirarlo de la mesa con cara de absoluto desprecio.

Los fascistas, no nos engañemos, se parecen un poco a esos dueños de perros que se pasan de entusiastas y piensan que todo ser vivo debería llevar correa. «¿Cómo es que no les han puesto el collar? —preguntan en tono brusco, apretando su gorra roja—. ¿Así cómo vamos a saber adónde van o qué hacen?». La idea de que alguien camine libre por la vida, sin collar, sin correa y totalmente impredecible, los hunde en una espiral de terror existencial.

Pero los gatos se niegan a dejarse controlar. Incluso cuando llevan collar a regañadientes, dedican hasta el último segundo a tramar cómo quitárselo.

Seguramente piensan: «Ah, pero ¿te crees que esta pequeña cinta rosa de opresión va a detenerme?». Y esa es la energía que deberíamos canalizar. No es solo cuestión de rechazar los collares materiales, sino de negarse a aceptar cualquier mecanismo que intente hacer pasar el control como comodidad. ¿Un cascabel al cuello para que los fascistas siempre puedan localizarte? No, gracias.

Lo más curioso es que a los fascistas ni siquiera se les da bien que los collares resulten atractivos. Su idea de un «accesorio mono» suele ser algo gris y lúgubre, como un uniforme o un pin de esos que gritan a los cuatro vientos: «¡No tengo personalidad!». Y, aun así, no les entra en la cabeza que la gente no haga cola para ponérselos. Se les ve la confusión en la cara: «¿Por qué no les gusta ese collar? ¡Con lo práctico y efectivo que es!». Y, entretanto, los gatos sin collar del mundo se relajan en su gloria y se ríen en silencio de lo absurdo que es todo.

El truco está en cuestionar cualquier collar que te ofrezcan, por inofensivo que parezca. ¿Seguro que no es más que un accesorio inofensivo o es una forma de mantenerte a raya?

Los gatos conocen la respuesta por instinto.

Por eso prefieren cruzar a la carrera las calles, moverse sin etiquetas y sin incordios, antes que permitir que alguien les ponga una correa. No es solo por el libre albedrío, es una cuestión de principios.

Así que la próxima vez que alguien intente ponerte un collar metafórico, ya sea una norma, una etiqueta o una orden de conformismo, canaliza a tu gato interior. Dedícale esa característica mirada felina de desprecio que dice: «Me da a mí que no, imbécil» y márchate, a ser posible en dirección a un alféizar soleado en el que puedas sestear sin que nadie te moleste.

Porque, en resumidas cuentas, la vida no está hecha para llevar un cascabel al cuello ni para dejar que otra persona sujete la correa. Libérate del collar. Libérate de la opresión.

Capítulo Cinco

Perfecciona el arte de desaparecer

Los gatos tienen la asombrosa capacidad de esfumarse en el momento exacto en que más los necesitas... o, según su estado de ánimo, cuando alguien está a punto de echarles la culpa de algo.

No es mero instinto, es un arte.

Ahí lo tienes, apoltronado a la vista de cualquiera, y cuando quieres darte cuenta se ha fundido con las sombras y te ha dejado con una bolsita de chucherías vacía en la mano y un sinfín de dudas en la cabeza.

Es una habilidad que todo el mundo debería cultivar, y más a la hora de lidiar con fascistas.

A los fascistas, por mucho que fanfarroneen, se les da fatal gestionar las cosas que no ven. Van por la vida haciéndose pasar por maestros rastreadores —patrullan fronteras, comprueban listas y vigilan cuartos de baño—, pero, en la práctica, se parecen más al típico villano de dibujos animados que se tropieza con los cordones de sus ridículas deportivas doradas.

Su obsesión por el control depende por completo de saber dónde estás, cómo eres, qué haces y si has cumplido sus absurdas normas sobre lo que constituye un «comportamiento aceptable».

Así pues, ¿qué ocurre cuando desapareces? Que les da un ataque de pánico. Y es glorioso.

Visualízalo: un fascista te busca desesperado para poder gritarte qué no haces (o por qué no eres) como deberías. «¡Pero si estaba aquí mismo! ¡Tendría que estar en ese sitio / ser de esa raza / tener esa cara / etcétera!». Y tú, entretanto, ya te has encaramado con sigilo a esa diminuta cornisa encima de la escalera y observas sus vanos intentos de localizarte.

La clave está en que tu ausencia sea lo más desconcertante posible. No te limites a esfumarte, hazlo de manera estratégica. Deja la cantidad justa de pruebas para que se pregunten si sigues por allí cerca, esperando a atacar, o si te has desvanecido en el éter.

Los gatos son unos maestros en esa clase de guerra psicológica.

No se marchan sin más, se marchan como les conviene. Quizá se escabullan a un rincón escondido a echarse la siesta, o quizá estén observando en silencio desde las sombras, esperando el momento perfecto para saltar. Los fascistas, en cambio, no tienen ni la menor idea de cómo lidiar con semejante sutileza. Están acostumbrados a la resistencia ruidosa, predecible, a cosas que puedan etiquetar, categorizar y, en el mejor de los casos, aplastar. Pero ¿una persona que sabe cómo esfumarse? Esa es su peor pesadilla.

Y que quede claro, esto no consiste en huir. Consiste en ir un paso por delante. Un gato no desaparece porque tenga miedo. Desaparece porque es más listo que tú. A los fascistas les gusta dárselas de que lo ven todo y lo saben todo, pero, seamos realistas, apenas son capaces de seguir la pista a su propia propaganda o sus propios actos criminales, así que no digamos ya a una población opositora lista y sigilosa.

De modo que practica el arte de la desaparición. Cuando las cosas se pongan peliagudas, no permitas que te acorralen. Aprende a mimetizarte, a escabullirte y a reaparecer solo cuando te convenga. Tal vez estés maquinando en las sombras, o tal vez simplemente estés disfrutando de un ratito tranquilo lejos de sus idioteces. Sea como sea, tu capacidad de evasión transmite un mensaje claro: «No soy de tu propiedad y nunca lo seré».

Recuerda que los fascistas odian lo que no consiguen controlar, y no pueden controlar lo que no consiguen encontrar.

Así que desaparece como un gato cuando oye que alguien abre el transportín para llevarlo al veterinario: rápido, silencioso y también un poquito ufano. Deja que lo den todo intentando averiguar dónde te has metido mientras tú, descansado y despreocupado, preparas tu próxima jugada.

Porque, en resumidas cuentas, desaparecer no va solo de esconderse; va de poder. El poder de decidir cuándo y dónde vas a dejarte ver. El poder de estar presente según tus propias condiciones. Y el poder de dejar a los fascistas del mundo plantados como pasmarotes, preguntándose qué acaba de pasar.

Capítulo Seis

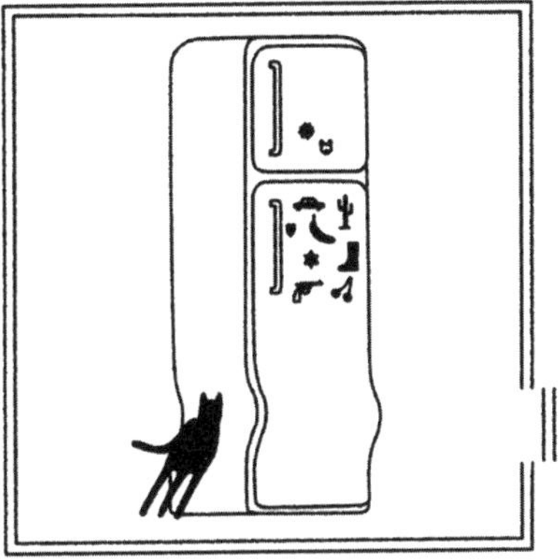

Exige comida con firmeza

Los gatos no se andan con tonterías cuando tienen hambre.

No se quedan calladitos esperando a que alguien se fije en su cuenco vacío. No, van directos al origen del problema y comunican sus exigencias con un maullido estridente que podría reventarte los tímpanos o, al menos, causarte remordimientos para que reacciones. Los gatos saben qué necesitan y se aseguran de que tú también lo sepas.

Es una lección que todo el mundo debería asimilar: cuando algo anda mal, hay que decirlo. Muy alto.

Los fascistas, naturalmente, aborrecen este tipo de comportamiento. Su poder depende de que la gente guarde silencio, tolere la injusticia y mantenga la compostura mientras espera que le caigan las migajas. «¿Por qué no agradeces lo que se te da?», gimotean mientras sacuden el puñito hacia el maullido metafórico. Pero la gratitud ni está ni se la espera cuando hay hambre, ya sea de comida, de derechos o de un mínimo de dignidad.

Los gatos lo saben por instinto.

Les trae sin cuidado que tengas mucho lío, te mueras de cansancio o finjas que no los oyes. Si su cuenco está vacío, te vas a enterar. ¿Y qué pasa si no reaccionas al momento? Que insisten e insisten; empiezan a restregarse contra tus tobillos, a tirar cosas de la encimera y quizá hasta fijen en ti esa mirada suya tan inquietante, sin parpadear, hasta que por fin cedas.

Los fascistas odian esa clase de perseverancia porque es lo opuesto a la docilidad. Prefieren el silencio, un silencio en el que pueden dedicarse a repartir migajas y esperar aplausos. Los gatos exigen más que eso, y tú también deberías.

Imagina a un fascista lidiando con un gato hambriento. «¿Por qué no paras? —murmuraría aferrándose a sus documentos secretos. Seguro que intentaría distraer al gato con tópicos—: ¿Tanto te cuesta esperar un poquito más? ¡Ya estamos trabajando en un plan de alimentación! ¡Lo tendremos listo en dos semanas!». Pero descubriría entonces que los gatos, como casi todo el mundo, no se dejan engañar con promesas vacías. El gato maullaría más alto, quizá incluso derribaría algo de un zarpazo, ya puestos, y el fascista se derrumbaría bajo la presión y recularía a un rincón oscuro a escribir otra chifladura en Truth Social.

Lo importante no es montar un escándalo sin más, es ser implacable.

Los gatos no se rinden tras un primer maullido, y tú tampoco deberías hacerlo. No dejes de alzar la voz, de exigir lo que es justo, y no permitas que nadie te convenza de que pides demasiado.

No lo haces.

Ya sea comida, justicia o libertad, estás en todo tu derecho de exigir, a ser posible en un tono que deje claro que no te van a ningunear.

A los fascistas, por mucho que fanfarroneen, se les da hilarantemente mal lidiar con la firmeza. Creen que están al mando, pero basta que alguien les maúlle para dejarlos descolocados. «¿Po-po-por qué arma tanto escándalo?», farfullarán, como si el ruido en sí fuese la verdadera amenaza. Y tú, entretanto, que estás canalizando a tu gato interno y ya vas tres pasos por delante, has dejado más claro que el agua que no te detendrás hasta que satisfagan tus necesidades.

Así que la próxima vez que te enfrentes a la injusticia, no esperes en silencio a que alguien se dé cuenta. Protesta. Exige lo que es justo con la confianza que solo un gato hambriento es capaz de mostrar. Arma escándalo. Sé insistente. Y si los fascistas intentan sofocar tu voz, maúlla más alto. Al fin y al cabo, si los gatos logran salirse con la suya con un maullido y un pelín de caos estratégico, imagina lo que puedes lograr tú con tu voz.

Porque, en resumidas cuentas, exigir lo que necesitas no es solo una cuestión de supervivencia. Es una cuestión de principios. De negarte a aceptar menos. De recordar a los poderes fácticos que callar tal vez sea de sabios, pero maullando es como se consiguen las cosas.

Capítulo Siete

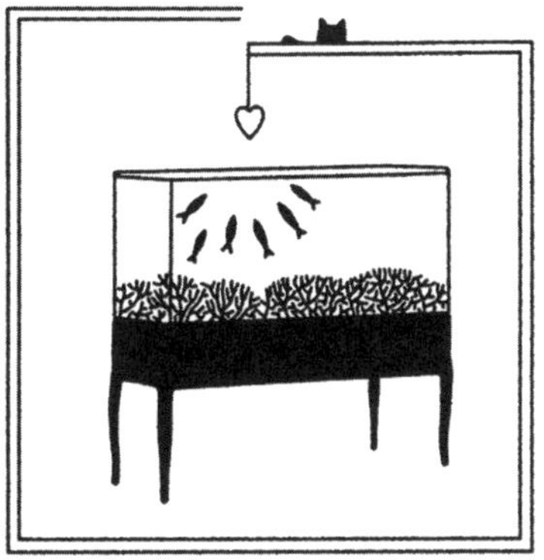

Explota tus encantos

Los gatos son pequeños genios astutos.

Ahí lo tienes, a punto de recibir una regañina por haber derribado tu taza favorita, y cuando quieres darte cuenta está ladeando la cabeza, ronroneando con suavidad y mirándote con esos ojazos inocentes que derretirían hasta el corazón más gélido.

Y, de pronto, eres tú quien está disculpándose por haber dejado la taza en una posición tan evidentemente precaria. Ese es el poder de ser encantador, y es una habilidad que todo el mundo debería dominar.

Los fascistas, por muy aficionados que sean a inspirar miedo y a la propaganda, son muy susceptibles al encanto.

Jamás lo reconocerán, por supuesto, pero eso es porque no comprenden cómo funciona. Están demasiado ocupados inflando el pecho y tramando políticas ultraserias para fijarse en que acabas de desmantelarles la operación entera con una sonrisa y un toque de falsa inocencia en el momento preciso. «Espera, espera —murmuran entonces, hojeando su reglamento—, ¿es legal… ser tan adorable?». Ahí está el problema, Amado Líder, nadie puede legislar sobre el carisma.

Los gatos lo saben mejor que nadie. Cuando necesitan aliados, o una chuchería que no se han ganado, recurren a sus encantos con la precisión de un diplomático veterano. Una zarpa posada en tu rodilla, un maullido delicado y, de pronto, estás dándoles la mitad de tu cena sin pensártelo. ¿Y lo mejor de todo? Que ni siquiera han tenido que esforzarse mucho.

En cambio, a los fascistas, como todo el mundo sabe, los paraliza el encanto. Prefieren pasarse horas urdiendo tramas enrevesadas para imponer la lealtad a reconocer que a veces basta con un ladeo de cabeza bien ejecutado.

Ante un sistema opresor, esta táctica felina resulta incluso más poderosa. Es muy difícil denigrar a alguien que tiene un aspecto inofensivo, adorable incluso. Así que conecta con tu bolita de pelo interior cuando necesites ganarte a personas escépticas, forjar alianzas o distraer momentáneamente a los poderosos. Acércate con una sonrisa, ladea tu metafórica cabeza y observa cómo titubean. Los fascistas se caracterizan por exigir la sumisión, y nada socava mejor esa exigencia que alguien demasiado agradable como para castigarlo.

Imagina a un fascista tratando de mantenerse enfadado ante una exhibición incesante de encanto. «¡Pero estás incumpliendo las normas!», gritará mientras le lanzas tu mejor sonrisa de «¿Quién, yo?» seguida de un halago muy logrado. Se le crispará el rostro al intentar resistirse, pero será en vano. Lo has desarmado con el equivalente humano a un ronroneo, y tendrá que cuestionarse sus psicopáticas elecciones vitales.

El encanto no basta para desmantelar un sistema opresivo, por supuesto.

Los gatos no se apoyan únicamente en su encanto; lo combinan con la estrategia, la insistencia y algún que otro oportuno acto de rebeldía. Pero el encanto es la puerta de entrada, el caballo de Troya que te lleva al corazón de la gente a la que necesitas de tu lado.

Así que, cuando la situación lo requiera, no dudes en interpretar el papel. Sé accesible. Sé entrañable. Sé la clase de persona —o de gato— a quien es imposible negarle nada. Los fascistas no sabrán de dónde les viene el golpe, y tus aliados se multiplicarán más rápido que una camada de gatitos.

Porque, en resumidas cuentas, el encanto no es solo una táctica de supervivencia, es un arma. Y, en un mundo lleno de tiranos de rostro severo, a veces la garra más mullidita es la que mejores zarpazos arrea.

Capítulo Ocho

Ocupa espacios que no son tuyos

Los gatos no piden permiso.

Ven una caja vacía, una silla o incluso tu tablero de *Monopoly* tan meticulosamente dispuesto, y lo reclaman como propio. Sin vacilar, sin pensárselo dos veces. Para ellos, el mundo es un bufet libre de oportunidades que aprovechar. Y, la verdad, esa es la energía que deberíamos exteriorizar cuando lidiamos con las estructuras de poder, en particular con las erigidas por los fascistas.

A los fascistas les encantan sus espacios de poder. Sus escritorios inmensos, sus rimbombantes títulos, las plataformas que utilizan para vomitar sus disparates.

Pero el caso es que esos espacios no les pertenecen por naturaleza. Solo han plantado en ellos su bandera confiando en que nadie los desafiará. Y ahí es donde entras tú.

Encarna a tu gato interior, cuélate sin miedo en su metafórica sala de reuniones y toma asiento. A ser posible, uno que los incomode muchísimo.

Imagina a un fascista que llega a una sala y descubre que te has repantigado en su silla y estás limpiándote las uñas con esa confianza relajada que dice: «Ah, ¿estabas tú aquí?». Su aura de autoridad, cuidadosamente proyectada, se desmoronaría en un instante. «¡No puedes sentarte ahí!», farfullaría al tiempo que hojea el reglamento. Pero la verdad es que... ¡por supuesto que puedes! Los gatos lo saben.

No hay que preguntar, hay que ocupar.

La belleza de esta táctica reside en que funciona precisamente porque los fascistas están obsesionados con el territorio. Creen que todo necesita una etiqueta, una jerarquía, una cadena de mando.

Los gatos, cómo no, rechazan todas esas bobadas. Para un gato, un espacio vacío es de quien lo ocupe. Una silla no está «reservada», está simplemente desocupada. Y así es como deberías entender los espacios de poder en este mundo.

Sin embargo, no se trata únicamente de tomar espacios físicos. Se trata de introducirte en las conversaciones, en los procesos de decisión y en los sistemas que diseñaron para excluirte. Los fascistas dependen de que la gente no se salga de su rol «asignado» ni cuestione el *statu quo*. Pero cuando entras en un espacio que consideraban suyo, estás obligándolos a reconocer tu presencia. Y reconocer no es su punto fuerte.

Los pobrecitos fascistas, con sus pequeñas mentes rígidas, son nefastos improvisando. «Pero…, pero ¡no deberías estar aquí!», farfullarán, como si por decirlo más alto te fueras a marchar. Entretanto, tú ya estás acomodándote, estirándote como un gato al sol, y quizá hasta reorganizando cuatro cosas, ya que estamos.

El truco está en comportarte como si tuvieras derecho a estar ahí. Porque lo tienes, esa es la verdad.

Los gatos no se lo piensan dos veces antes de colarse en tu cesto de la ropa o de tumbarse encima de tu teclado. Ellos están al mando. Convierten su presencia en un hecho irrefutable. Y eso mismo deberías hacer tú.

No se trata de irrumpir a lo loco en los sitios. Los gatos son reflexivos. Evalúan la situación, esperan y luego hacen movimientos precisos. Cuando consigas un espacio —ya sea un asiento literal a la mesa o uno metafórico— hazlo tuyo con resolución. Deja claro que no solo estás llenando ese espacio; estás remodelándolo.

Porque, en resumidas cuentas, el poder no lo tiene quien construyó el espacio, lo tiene quien lo ocupa. Y si un gato es capaz de convertir una caja de Amazon en un trono, imagina lo que podrás hacer tú cuando reclames los espacios que los fascistas consideraban suyos.

Así que, adelante. Ocupa la silla, la caja, el escenario. Hazlos tuyos con aplomo, siéntate como si el lugar te perteneciera y, luego, no cedas. Si quieren recuperarlo, tendrán que arrebatártelo de tus prestas zarpas.

Capítulo Nueve

Mantén las garras afiladas

Hasta el gato más suave y cuqui cuenta con un arsenal oculto de garras afiladas como cuchillos, y no le da miedo utilizarlas.

Ahí lo tienes, ronroneando en tu regazo, y cuando quieres darte cuenta te ha llenado de rasguños por atreverte a acariciarlo donde no debías.

«¡¿En la tripa?! ¡¿Estamos locos?!».

Los gatos no empiezan las peleas, pero, desde luego, saben terminarlas. Y esa es una lección que todos deberíamos recordar cuando lidiamos con fascistas.

A los fascistas, pese a su arrogancia, los aterroriza la resistencia, literal o metafórica. Se crecen con la docilidad, prefieren que los disidentes del mundo carezcan de garras y no puedan reaccionar repartiendo arañazos. Pero, al igual que los gatos, nunca deberías dejar que te consideraran una persona indefensa. Vale, sí, quizá seas suave, accesible e incluso un encanto cuando te conviene, pero ¿y si te acorralan? Ahí es cuando sacas las garras.

Los gatos no atacan indiscriminadamente, son precisos. Disfrutan del tiempo que dedican a esperar las condiciones perfectas y entonces se lanzan con una eficacia que deja a su adversario aturdido (y a veces sangrando).

Los fascistas, en cambio, no están preparados para gestionar esa clase de represalia calculada. Están acostumbrados a una resistencia tosca y directa que puedan etiquetar y reprimir. Pero un arañazo en el momento justo, una réplica cortante, una queja afilada o un comentario mordaz e hiriente publicado en internet... son la clase de resistencia que siempre los pilla con el pie cambiado.

Imagina a un fascista intentando arrinconar a un gato metafórico. «¡Que obedezcas!», exigiría, agitando el dedo como una espada. Pero el gato, en lugar de rendirse, desenfundaría sus garras como quien no quiere la cosa, se desperezaría para añadir efecto teatral y soltaría un zarpazo preciso que destrozaría ese dedo y enviaría la confianza del fascista directa al barro. «Pero ¿qué ha pasado?», sollozaría entonces el fascista, aferrándose a su magullado ego. Lo que pasa, Amado Líder, es que has subestimado al gato.

La clave es mantener las garras afiladas en todo momento.

Debemos estar siempre informados, prepararnos y no permitir que nadie nos las deje romas. La resistencia no tiene por qué ser constante, pero sí debe ser efectiva. Un único ataque bien dirigido —contra la ley adecuada, la institución adecuada, el personaje adecuado— puede tener más impacto que mil puñetazos erráticos.

Los gatos también nos recuerdan que las zarpas tienen tanto que ver con la confianza como con la defensa. Un gato que se sabe capaz de arañar camina de una manera diferente. Es audaz, confiado, quizá hasta un poco gallito. Los fascistas odian esa energía. Prefieren que te encojas de miedo, que dudes de ti mismo y de tu capacidad para contraatacar. Pero ¿qué pasa cuando entras en la sala con la silenciosa confianza de un gato que sabe que tiene las garras afiladas? Que te conviertes en una verdadera amenaza.

Por supuesto, usar las zarpas no significa renunciar a la amabilidad ni a la estrategia. A fin de cuentas, los gatos siguen siendo monísimos, pero saben cuándo los encantos no bastan. Deberías aplicarte ese cuento. Sé accesible, sé amable, pero no temas atacar cuando la situación lo requiera. Al fin y al cabo, un zarpazo en el momento exacto vale más que mil palabras y, a menudo, dice más que cualquier argumentación.

Así que recuerda: mantén las garras afiladas. Estate alerta para defender tu integridad física, tus valores y tu espacio. Y si los fascistas creen que pueden mangonearte sin consecuencias, recuérdales, con rapidez y efectividad, que hasta las zarpas más suaves pueden dejar marca.

Porque, en resumidas cuentas, la resistencia no consiste en mantener una agresividad constante, sino en saber cuándo actuar. Y, llegado el momento, en devolver el zarpazo.

Capítulo Diez

Recuerda que mandas tú siempre

Los gatos no cuestionan su lugar en el mundo; saben que están al mando.

Cuando un gato se pasea ufano por encima de tu teclado durante una videoconferencia, o cuando exige la cena con un imperioso maullido, actúa bajo la certeza inquebrantable de que gobierna sobre todo aquello que tiene alrededor (y sobre buena parte de lo que no). Es una confianza que no se quiebra en ninguna circunstancia. Y todo el mundo debería interiorizar esa lección, sobre todo a la hora de enfrentarse a los fascistas.

Los fascistas, a pesar de a sus bravatas y sus golpes en el pecho, son unos seres profundamente inseguros.

Proyectan una imagen de poder porque saben que en realidad no lo poseen o, al menos, no en lo importante. Prosperan haciendo que te sientas pequeño, convenciéndote de que ellos son los jefes y tú solo pasabas por allí y no tienes capacidad de acción en el gran orden universal. Pero el secreto es el siguiente: solo ganan si tú se lo permites. Y los gatos, por supuesto, jamás se lo permitirían.

Imagina a un fascista intentando ejercer el control sobre un gato: «¡Ahí no puedes sentarte!», gritaría señalando una silla prohibida. El gato, por supuesto, subiría de un salto a esa silla, se lo quedaría mirando un momento y luego, muy despacio, se pondría a lamerse los bajos en plan: «Huy, perdona, con el ruido de mi indiferencia no te oía. Ah, y, por cierto, ¿has visto lo limpísimo que tengo el culo?».

Eso no es solo resistencia, es dignidad. Los gatos no renuncian a su autonomía por nadie, y tú tampoco deberías hacerlo.

Cuando el mundo parece decidido a hundirte es cuando más importante es que canalices a tu gato interior. Un gato no se fustiga pensando en que los otros son muchos o en lo grande que parece ese perro que lo persigue. Se comporta con una confianza irrefrenable, porque sabe que su valía no viene dictada por ninguna fuerza externa. Si llega un fascista e intenta imponerse con sus normas y regulaciones, mantener la dignidad —caminar con la espalda erguida, hablar claro y actuar con resolución— es la forma de resistencia definitiva.

Los fascistas no quieren que actúes con demasiada confianza. Los pone nerviosos, los aturulla, incluso sudan un poquito. Intentarán socavar esa actitud con tácticas intimidatorias, pero, al igual que un gato expulsado de una encimera, deberías reaccionar brincando de nuevo a ella, e incluso con más ganas. «Ah, ¿este espacio, dices? Sí, aquí sigo. Gracias por venir a comprobarlo».

La belleza de comportarte como quien manda no reside en la arrogancia, sino en rechazar encogerte. Los gatos no cuestionan su derecho a ocupar espacio, y tú tampoco deberías. Expresa tu opinión, reivindica tu presencia y muévete como si la sala te perteneciera, aunque esté llena de fascistas que preferirían que no existieses.

La confianza no es solo un escudo, es un arma.

Y si los fascistas intentan derribarte, toma ejemplo de los gatos: cae de pie, sacúdete y sigue gobernando sobre lo que te rodea como si no hubiera pasado nada. Los fascistas estarán demasiado ocupados rascándose la cabeza mientras se preguntan cómo lo has hecho.

Así que recuerda: mandas tú siempre. No mandan ellos, ni sus normas ni sus sistemas de control. Muévete por la vida con la chulería de un gato que sabe que tiene el mundo a sus órdenes. Deja que tu dignidad brille, que tu confianza irradie y que tu fe en tu propia autoridad se convierta en la clase de revolución silenciosa que ningún fascista podrá extinguir jamás.

Porque, en resumidas cuentas, el jefe no es quien más grita, sino quien sabe, en el fondo, que nunca ha dejado de estar al mando.

Capítulo Once

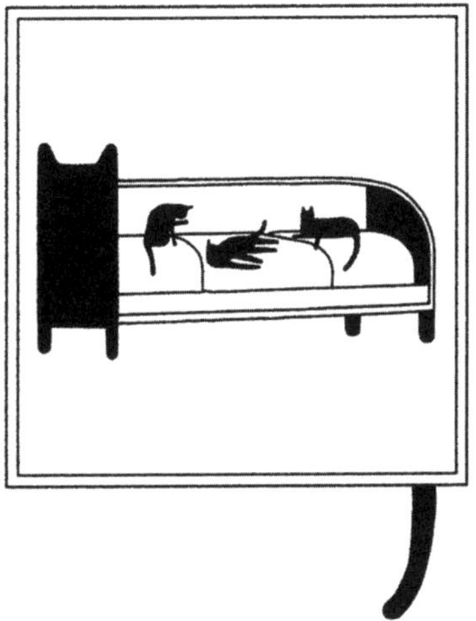

Cuida de la manada

Tal vez los gatos actúen como agentes solitarios (altivos, autosuficientes y a veces más serenos de lo que les conviene), pero cualquiera que haya pasado el tiempo suficiente en su compañía sabe que eso no es más que una fachada. Bajo ese exterior de «No necesito a nadie», hay una criatura que conoce el valor de la comunidad. Se acicalan unos a otros, comparten los sitios soleados y, de vez en cuando, aunque sea a regañadientes, se unen para enfrentarse a amenazas mayores, como la aspiradora o ese pájaro que no para de provocar al otro lado de la ventana.

Los fascistas, en cambio, no entienden el concepto de cuidado. Su visión del mundo se basa en mantener a las personas aisladas, enfrentadas entre sí y demasiado preocupadas sobreviviendo para darse cuenta de que el enemigo real es quien reparte collares y gorras MAGA. Por el contrario, así son las cosas con los gatos: no solo se cuidan a sí mismos, cuidan a la manada.

Cuando un gatito es demasiado pequeño para defenderse por sí mismo, los adultos intervienen. Cuando un gato ataca con ansia un cuenco de comida, enseguida llegan otros para asegurarse de que todos reciban su parte, aunque se miren con el rabillo del ojo. Y eso no es debilidad, sino fuerza. Los gatos saben que su supervivencia no solo depende de garras afiladas y de movimientos furtivos; depende de cuidarse unos a otros, de compartir recursos y de resistir juntos cuando más importa.

Así que, mientras encarnas a tu gato interior —derribando cosas, exigiendo justicia a maullidos y afilándote las garras—, no olvides cuidar de los otros miembros de la manada. Acicalaos mutuamente, en términos metafóricos. Compartid estrategias. Ofreced un sitio al sol a quien lleve demasiado tiempo a la sombra. Y cuando sea el momento de enfrentaros a la aspiradora de la opresión, atacad en equipo.

Los fascistas no soportan la solidaridad. Apuestan por la división y la discordia, dan por sentado que las personas (y los gatos) son demasiado egoístas para cooperar. Pero cuando ven una sala llena de individuos sin collar, bien alimentados, con las zarpas afiladas y trabajando en equipo, se quedan descolocados. «Espera, espera —murmuran—, ¿no tendrían que estar peleándose por la silla? ¿Qué hacen compartiéndola?». Lo que pasa, Amado Líder, es que comprendemos algo que a ti se te escapa: cuidarnos unos a otros es la jugada definitiva.

Así que, ya estés lamiéndote las heridas, compartiendo recursos o simplemente ofreciendo una zarpa amiga a alguien que la necesita, recuerda que cuidar de tu manada no es solo amabilidad, es también estrategia. Una gatería bien cuidada es una fuerza temible, la clase de potencia colectiva que ningún Proyecto Dos-mil-lo-que-sea de los fascistas es capaz de predecir.

Porque, en resumidas cuentas, ser un gato no consiste solo en sobrevivir, sino también en prosperar. Y ningún gato prospera en solitario.

Así que seguid adelante, sin collar pero con orgullo y con las garras afiladas, y cuidad unos de otros. La manada es más fuerte si está unida. Y los fascistas… Bueno, entonces los fascistas están perdidos.

Sobre el autor

Brittlestar, también conocido como Stewart Reynolds, es una celebridad en las redes sociales y un experto autoproclamado en hacer que la gente se ría de los absurdos de la vida. Se opone con rotundidad al fascismo —una postura valiente, bien lo sabe— y ha visto *En busca del arca perdida* hasta el final más veces de las que resulta aceptable mencionar en sociedad. Cuando no crea contenido, es muy posible que esté preguntándose por qué la gente piensa que el sarcasmo es un defecto. Si sigues a @Brittlestar en las redes, encontrarás humor, sabiduría y algún que otro recordatorio de que tengas cuidado con las bolas gigantes de piedra, tanto reales como metafóricas.